Jafeth Mariani

AF219710

MIAO ZEN²

MIAO ZEN [2]

Guida spirituale per stare meglio istantaneamente

Jafeth Mariani

Disegni originali di Jafeth Mariani

Bibliografische Information der Deutschen Nationalbibliothek:
Die Deutsche Nationalbibliothek verzeichnet diese Publikation in der Deutschen Nationalbibliografie; detaillierte bibliografische Daten sind im Internet über http://dnb.dnb.de abrufbar.
© 2021 Jafeth Mariani
ISBN: 978-3-7557-2342-4
Herstellung und Verlag: BoD – Books on Demand, Norderstedt

Per:

Noi, tutti.

Un mondo migliore

Un mondo migliore non è il mondo dove tutti intorno a te sono simpatici e dove tutto funziona sempre al meglio, dove il dolore non esiste.

Bensì è il mondo dove tu sei sempre più consapevole di:
chi sei TU.

Dove ti tratti con gentilezza
e - più che puoi - anche il resto del mondo.

Dove ti svegli ogni giorno consapevole che la vita è: un regalo immenso.

E dove ti è sempre più chiaro:

anche tu sei vita e anche tu sei questo regalo per te stesso e per altri.

Se qualcuno ti tratta male,

se qualcosa non funziona,

puoi amarti, comunque.

L'unico mondo

Solo un mondo è vero,
in quello spazio silenzioso senza tempo
fra te e la vita

tu e la vita siete la stessa cosa

anche se a volte la senti come separata da te

la natura, l'energia che ci ha creati
pulsante, viva in te, la tua unica verità

sapere che in ogni tua preghiera
puoi unirti a questa forza infinita

pregando:
che la vita mi porti
tutto ciò che devo vivere
anche le cose che non capisco

**perché la vita sa
di cosa ho bisogno.**

Il libro della vita

La vita non è un libro, che tu apri da bambino e incominci a leggerlo, per morire quando il libro finisce.

Tu scrivi - passo dopo passo.

Quello che scrivi influenza la pagina successiva. Alcune pagine le scrive di più la mente, altre di più il cuore.

Ma sei anche colui che riprende ogni tanto il libro in mano e decide, se cambiare direzione su quello che si sta scrivendo.

Immagina di mettere il libro in una biblioteca e guardarlo in mezzo agli altri libri.

E scopri: la vita è più del libro.

Gratitudine

Osserva cosa ti regala la vita giorno dopo giorno.

Un corpo che funziona quanto può e cerca di fare il possibile per farti stare bene.

L'aria che respiri. L'acqua di un ruscello. L'ombra di un albero, un frutto saporito. Il bambino che ti fa un'altra domanda, e un'altra ancora. Lo sguardo amico di un cane che ti dà la sua zampa.

Le sciocchezze che si dicono. Un litigio importante per capire – cosa combatti in te? Un dolore inaccettabile, da dover accettare.

Miliardi di occasioni per essere colmi di gratitudine, attirando altre cose per cui poter essere grato.

Qui e ora, sei nel posto giusto

Siamo qui per riconoscere noi stessi.

Riconoscere la nostra vera natura
fondamentale.

Il nostro ego, la nostra personalità costruita
è sempre lì che prova e riprova senza fine

ad essere amato di più
avere più successo
più ricchezza
per andare sempre più lontano....

o magari solo essere ascoltato finalmente.

Ma c'è un posto, un mondo migliore
dove non devi provare
dove puoi essere esattamente te stesso
dove sei libero

quando trovi questo posto

allora sei grato
per ogni secondo della tua vita
sei grato di essere vivo

tu sei felice
perché tu sei questa vita

è il posto
dove ti rendi conto
tutto il resto

è solo una continua delusione mentale
un'illusione

che si lamenta perché

dovresti stare meglio
dovresti essere di più
di quello che sei in realtà

ma qui, in questo mondo vero

tu sei abbastanza.

Sei libero ancora prima di liberarti.

Tu dici che: sei pronto a liberarti...
Sei pronto a partire per questo viaggio.
Sei pronto per credere.
Sei pronto ad amare.

ma:
guarda,
dentro ti te

sei già libero.

Sei libertà pura, che deve solo essere scoperta.

Come scoprire il nocciolo nascosto di una
pesca.

Era sempre lì anche prima
di essere scoperto.

Beato chi soffre ma sa ascoltare

Ho paura.
Mi voglio bene.

Soffro.
Mi voglio bene.

Dubito.
La verità mi ama.

Beato chi soffre ma sa ascoltare,

perché scopre che volersi bene
è possibile
nonostante la sofferenza.

**E scoprirlo è una gioia infinita,
talmente profonda da guarire
ogni ferita.**

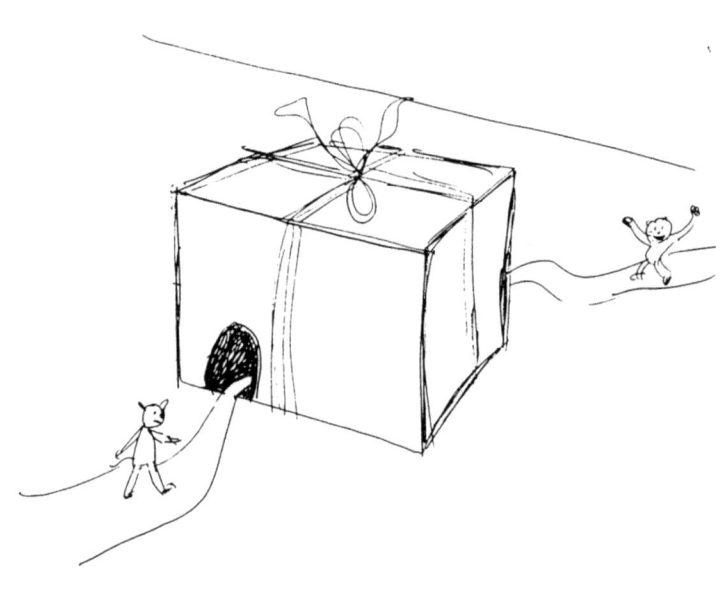

Pace sulla Terra

Quando guardo questo mondo mi chiedo
se ci sarà mai pace e purtroppo credo di no

però poi in realtà mi rendo conto che mi sto
solo concentrando su notizie, su cose che
vanno e che vengono, su persone che lasciano
un segno negativo su questa terra

ci sono anche altrettante persone, sorrisi che
stanno aiutando qualcuno nel loro piccolo in
un angolo, in un appartamento, in un
supermercato

che **stanno salvando il mondo senza che
qualcuno se ne accorga.**

È ora di accorgersene.

I tuoi diritti

Hai il diritto di lamentarti
Di piangere
Di urlare e dire cosa ti fa soffrire

Ma hai anche il diritto
Di essere presente
Di essere te stesso
Di liberarti dal male

Come di un cibo scaduto nel frigorifero
Senti già l'odore... e te ne liberi,
prima che intacchi il resto.

Vecchie idee
Vecchie aspettative

Hai il diritto di liberartene.

Apocalisse

Quando senti la parola apocalisse pensi alla fine del mondo.

In realtà la parola apocalisse viene dal greco, e significa rivelazione.

L'apocalisse è rimuovere ciò che copre, togliere il velo,

rivelare il nascosto vero io in te...

Ecco perché le situazioni drammatiche
o semplicemente quei giorni che sembrano
bombardarti di cose negative

vengono per rivelare la verità in te.

Le lettere ribelli

Le tue paure sono come delle lettere in un libro, che si ribellano contro l'autore e dicono:

il prossimo capitolo lo decidiamo noi!!!

Ma sono solo lettere nel libro, e tu non sei quelle lettere.

Puoi dare loro attenzione o no, puoi ascoltarle o no.

Ma non sei le tue paure.

Le vecchie calze

Se una persona viene e ti offre delle vecchie calze rotte e sporche dicendoti che sono in offerta, le compri?

Probabilmente, no. Perché non ti interessano.

La tua mente o il tuo nemico possono venderti qualcosa di orribile, pensieri negativi su di te o sul mondo ...

... solo se ti interessano!

La domanda che ti puoi porre è:

perché mi interessa? Perché mi occupo di questi pensieri o di questa persona?

Ma ancora più importante è capire che:

**niente può distrarti
dal tuo vero io.**

Come fare, per non soffrire inutilmente?

E 'abbastanza se ti dici: i miei pensieri non sono "IO".

I pensieri esistono ma non ti rappresentano sempre: alcuni possono aiutarti, altri no.

Li lasci arrivare e li osservi: se ti aiutano, puoi mantenerli ed evolverli, altrimenti li lasci andare.

Esempio: il pensiero arriva e ti dice: c'è da preoccuparsi per questa cosa X!

Osserva se è vero o se è semplicemente così:

il tema X ti ricorda a una cosa del passato non risolta o complicata.

Se devi reagire, non disperderti nella paura, ma reagisci per risolvere.

Se invece ti rendi conto, che il tema X era solo un „trigger", non occupartene più di quel pensiero/paura.

Puoi dirti: si - conosco quel pensiero/paura, ok, non ha importanza ora.

Dopo un po' di esercizio

saprai sempre meglio distinguere le paure e i pensieri indispensabili, necessari

da quelli inutili.

Chi risolve ogni conflitto?

C'è solo una persona che può risolvere il
conflitto tra te e me:

io - con me stesso.

tu - con te stesso.

Il conflitto è un'illusione.

Visti dall'alto, siamo un formicaio dove il
male e il bene coesistono,

se allarghi il tuo sguardo realizzi che

tutto coesiste nell'amore supremo.

Immagina che la tua pace interiore sia un bicchiere d'acqua colmo che porti con te dalla mattina alla sera.

Ovunque dove vai, stai attento che quel bicchiere non perda nessuna goccia.

Qualcuno ti insulta?
tu non sei quegli insulti,
e quella persona può avere i suoi motivi
ma tu hai uno solo scopo,

di non perdere neanche una goccia d'acqua dal tuo bicchiere.

E riportare alla sera quel bicchiere intatto a casa, colmo d'acqua pura e limpida.

Qualcuno ha davvero bisogno di te?
Nell'altruismo, l'acqua si rinnova.

Il tuo vero io non sta aspettando di essere
riconosciuto

esiste aldilà se tu lo riconosci o no

Non c'è sforzo, se guardi bene.

Non cercare. Ma guarda meglio.

Lascia andare, ora.

L'abitudine di identificarsi con qualcosa di
superfluo crolla.

**L'abitudine di cercare sé stessi
nell'immagine mutevole in uno specchio
svanisce,**

il vero io è davanti a ogni specchio,
sempre.

Correggere il mondo

Non puoi correggere tutto il mondo
Il tempo necessario sarebbe infinito

In questo istante
correggi la tua situazione
amando te stesso

correggendo la falsa visione di te stesso

**correggendo le inutili aspettative su te
stesso**

E già il mondo è migliore.

Doppia e inutile punizione

Hai trovato un nemico e ora soffri

Ma se guardi bene
Stai punendo te stesso
Mettendoti nel ruolo della vittima

E da vittima si diventa velocemente aggressore

Ma due cose sbagliate non fanno una cosa giusta.

Quindi se qualcuno ti ha ferito,
Allontana il pericolo

Ma non appena puoi,
Non ferire, non inseguire il pericolo
Non provocare altre ferite.

Teatro, pubblico, attori

Se c'è interesse, **le tue paure vengono a intrattenerti.**

Ma non dare loro questa attenzione ora.

Gli attori non vanno sul palco,

finche non c'è un pubblico.

Ritorna

Quello che stai cercando
è lo spazio da dove vieni

**Ritrovare sé stessi
È più un tornare.**

Non tornare sui propri passi
Ma tornare alla più profonda verità.

Beato chi ha perso la strada,

perché ritrovarla colmerà ogni cuore
e asciugherà ogni lacrima.

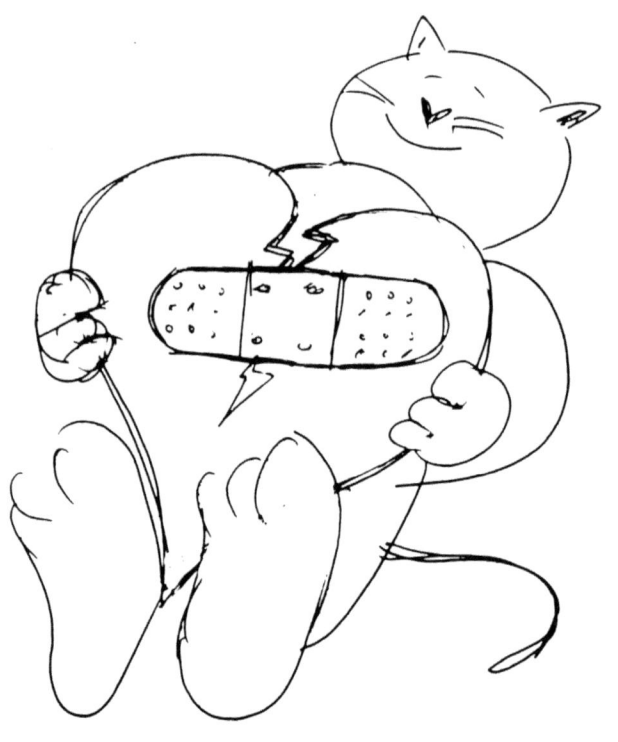

Come scalare la montagna

Si può prendere una strada per arrivare in cima alla montagna.

Quando sei in cima alla montagna e guardi giù, vedi anche tutte le altre strade possibili che ci sarebbero state.

Ma una strada devi prenderla, non puoi conoscerle sempre tutte prima.

Abbi coraggio e parti.

Amicizia

L'amicizia è la forma di spiritualità e amore
più alta che possa esistere fra gli esseri umani.

Abbraccia con questa apertura del cuore
il tuo vero io, il divino.

L'unico amico che non ti ha mai tradito

che mai ti deluderà.

Una chiave

Ci sono mille porte
Con mille serrature

Ma solo una chiave apre ogni serratura.

E la chiave è questa:

**la porta è chiusa solo
se non vuoi andare oltre**

perché in realtà quella porta
che porta al tuo vero io

è sempre aperta,
se guardi con fiducia e umiltà.

Ascolta

Non sempre chi ti parla vuole avere un feedback, quando ti racconta un problema.

Spesso una persona ha solo bisogno di essere ascoltata.

Per tanti questo è già un miracolo.

**Se tutti ascoltassero,
nessuno dovrebbe urlare.**

Apri gli occhi

Se guardi con gli occhi dell'anima
tutto il resto si calma.
Tutti i dubbi,
tutti i drammi inutili scompaiono.

Cercavi l'oasi nel deserto,
ma se apri gli occhi vedi che

non solo quell'oasi è una illusione
ma anche il deserto
non è un deserto.

Intorno a noi frutti e gioia senza fine!

Mentre noi come drogati a cui non basta
nulla.

Non abbiamo colpa,
ma possiamo incominciare ad aprire gli occhi.

Illumina

Un mondo migliore vive in noi,
come lo stoppino in una candela può essere
acceso.

La candela può essere stupenda, ma non può
accendere sé stessa.

Puoi essere bellissimo, avere vestiti ricchi, ma
se non ti avvicini la fiamma, non ti accendi,

e se non ti accendi, non illumini.

**A volte toccando la fiamma ci si può
bruciare,
non è un motivo per rimanere spenti.**

A volte bisogna stare attenti che il vento non
spenga la fiamma.

Molti hanno paura di illuminarsi,
o di cambiare abitudini
perché credono che in questo modo
si consumeranno più in fretta

in realtà ti consuma molto di più non
illuminare, perché sei una candela dimenticata
o inutile.

**Quando la fiamma brucia, sai che dentro
di te non era mai spenta,**

e saprai che il freddo e le tenebre che hai
vissuto

erano lì per ricordarti
cosa conta davvero.

Il film

Immagina di vedere un film che mostra la tua vita.

Chi guarda il film?

Tu.

Tu non sei il film. Non sei costretto a fare o pensare qualcosa, solo perché un personaggio di quel film fa sempre le stesse cose o se ha deciso di cambiare la storia e urla da un angolo della scena.

Guardati, come in quel film cerchi disperatamente di trovare una strada e soluzioni.

È un film emozionante, a volte terribile, è la vita... sono potenti queste emozioni.... è anche giusto viverle, non tutte ma forse tante! ...

... è giusto arrabbiarsi per le ingiustizie e
difendersi dagli abusi di potere di certa gente!

Ma non dimenticare: tu che osservi questo
film, non sei nel film, lo osservi e sei in pace

se riesci a ricordarti che sei solo testimone
di quello che sta succedendo
aldilà che ti piaccia o meno.

**Un giorno vedrai che proprio i passaggi
più duri di questo film sono quelli che ti
hanno fatto crescere,**

mentre TU sei già il "da qualche parte"

a cui stai cercando di arrivare.

Sii chiaro su questo nel tuo cuore.

Un vestito nuovo

Non cercare un vestito nuovo per il tuo ego.

Concentrati sul tuo vero io, senza sforzo,
come guardare lo stoppino di una candela,
che già esiste in essa,

e puoi già accenderlo invece di chiederti se la
candela è bella abbastanza per illuminare

è abbastanza essere grati dell'esistenza
e poi goderla al massimo
e dare a chi non può ancora essere grato.

Come una farfalla al confine

Il maestro Mooji raccontò questa storia:

Quando la farfalla mostrò il passaporto, il poliziotto vide la foto di un bruco e disse: ma non è il tuo passaporto.

La farfalla rispose: è solo una vecchia foto.

Così il nostro aspetto cambia, ma non il nostro vero io.

Ricordarsi di dire grazie

Ricordarsi di dire grazie, anche per i problemi.

**Perché solo avendo i problemi posso
capire come uscire dai problemi.**

Perché avendo problemi posso capire le mie
necessità e le mie risorse.

Perché spesso i problemi sono solo problemi
se le aspettative sono sbagliate.

Se vivi in gratitudine scopri l'abbondanza
della vita, che ti regala continuamente,
e sarai come il cieco a cui torna la vista

se invece non ascolti il tuo cuore
sarai come il bambino che riceve così tanti
doni, da non poterne godere nessuno, e si
annoia nella stanza piena di doni.

Non TU

Non sei TU... ma è una PARTE IN TE, che non vuole cambiare. Che ti frena.

Non è che sia una parte "cattiva"!

È una parte che crede che se lasci andare qualcosa, se cambi qualcosa, chissà cosa succede.

Quindi ti vuole solo difendere, ma a volte impedisce il cambiamento.
Ti vuole difendere da possibili dolori che potrebbero arrivare dal NUOVO.

Questa parte in te che ti vuole difendere, è nata in un momento della tua vita dove forse quella difesa era necessaria.

Va bene rispettare e dare atto a questa parte in te di averti difeso a lungo, ma ricordati:
tu non sei solo quella parte.

Ti senti sbagliato?

Da dove arriva questo sentimento?
Dove lo senti nel corpo?
Il corpo sa.
Quando è stata la prima volta che ti sei sentito
così nella tua vita?

Comunque, è solo un sentimento.
Non è qualcosa che sei davvero.
È qualcosa che hai imparato.

È come avere il cane al guinzaglio. Siete uniti
dal guinzaglio. Ma tu non sei il cane e lui non
è te.

Se lasci il guinzaglio dall'idea di essere
sbagliato, rimani TU, senza quella sensazione.

Questa sensazione può aiutarti a capire:

chi eri, prima di averla imparata?

Se cerchi risposte

Se cerchi risposte in cose o persone e
situazioni intorno a te, le risposte potrebbero
essere giuste o sbagliate, profonde o
superficiali.

Se invece ti è chiaro, che la risposta sei TU
e la tua pace interiore,

si placano tutte le domande ossessive nella tua
mente

**e si placa il voler per forza avere delle
conferme da altre persone.**

Come un fiume

La nostra mente è come un fiume
Può essere pulito o sporco

Può semplicemente fluire
può avere piante medicinali in sé,
o ci sono pietre, che sono pesanti ma che
tengono pulita l'acqua,

e così siamo chiamati a purificare lo spirito da
questa impurità

da odio, rabbia, gelosia, delusione
tutta la vita

E più lo puliamo ora, meno c'è da farc
all'arrivo al mare
Il mare non rinnega nessun fiume...
qui le acque si incontrano e si rimescolano

Per poi andare altrove.

Altruismo

**Quando si pratica altruismo
si aiuta anche se stessi**

il tuo spirito si calma,
la pace interiore ti crea un sorriso sulle labbra

e questo può aiutare ancora chi ti è vicino.

A volte non riusciamo a stare meglio perché abbiamo una visione sbagliata di noi stessi.

Sin da bambini dobbiamo imparare regole.

Ovvio che questo è necessario,

ma **è importante lasciar i bambini poter rimanere sé stessi** nonostante le strutture che cerchiamo di dare loro

per sopravvivere in questo mondo.

Vecchi contratti segreti

Spesso senza accorgercene da bambini stipuliamo contratti segreti con i nostri genitori.

Inconsapevolmente se nostra madre sta male magari ci diciamo: non ho il diritto di stare meglio di lei. E ci limitiamo.

Oppure se nostro padre fa delle cose di cui ci vergogniamo ci diciamo: non sarò mai come lui!

Ma forse anche questo ci limita nella vita, perché evitiamo per esempio di essere duri quando è assolutamente necessario mostrare i nostri confini e far rispettare i nostri diritti.

Guarda in quali cose ti senti limitato e chiediti se hai un vecchio contratto segreto con un tuo genitore.

Uguaglianza

Gli esseri umani non combattono perché sono
diversi, bensì perché non possono accettare il
fatto che,

se togliamo il trucco, le maschere e le illusioni,

**sono le stesse paure, insicurezze, desideri e
aspettative in ognuno di noi.**

Pace

Violenza, vendetta e guerra
portano alla fine altra violenza, vendetta e
guerra.

**Se vuoi risolvere il conflitto
risolvilo in te stesso**

E poi
concentrati a
continuare a donare

o aiutare chi aiuta davvero.

O resta in silenzio.

Tutto il resto sono solo tante parole e
ipocrisia.

I legami del passato che ti bloccano

Quali sono i legami del passato che ti bloccano?

... e quali sono i legami che sono diventati la tua radice, quella cosa che ti sostiene?

E quali sono i legami che possono essere entrambi?

O come sei riuscito a trasformare i legami che ti bloccano in una radice che ti sostiene?

Bussare dal di dentro

Di solito bussiamo a una porta per entrare in un mondo migliore.

Bellissimo accorgersi
che la porta si apre sempre solo se

stavi bussando dall'interno, dal posto che stavi cercando.

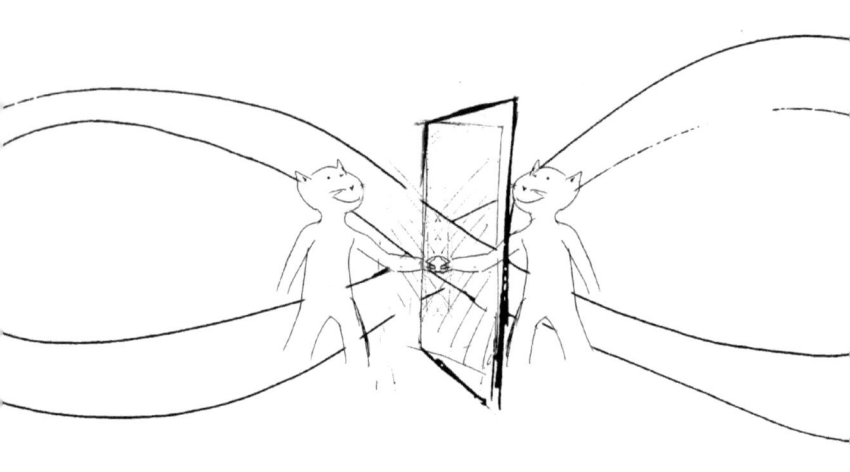

Desideri

La parola "desiderio" deriva etimologicamente dalla speranza in una stella, o della sua mancanza, (de- sinus)

se stai navigando in mare aperto, se la notte è nuvolosa, la mancanza di stelle ti porta a sentire la mancanza di un riferimento a qualche dato, qualche certezza

sei costretto allora a volgere l'attenzione dal cielo alla bussola interna a te

qui puoi trovare i tuoi bisogni, valori, la direzione delle tue scelte.

Se il desiderio è impuro, ci rende insicuri e privi di riferimento, in balia della notte.

Se è puro, ci guida come un faro.

Il giudicare gli altri

Il giudicare gli altri dà un senso di sicurezza.
Per un attimo, ci si sente al sicuro. "Io ho
ragione - gli altri sbagliano"

è una stampella su cui si può camminare per
un po'.

Se poi qualcuno ci dà ragione ai nostri pensieri
negativi, ancora di più ci sentiamo al sicuro.

Ma possiamo anche sperimentare la sicurezza
a un livello più profondo ad esempio
attraverso l'empatia, la compassione e la
generosità caratterizzati dal non giudicare altri
per il loro modo di mostrarsi

che **è sempre solo una facciata dietro la
quale si nasconde un'anima complessa e
ferita.**

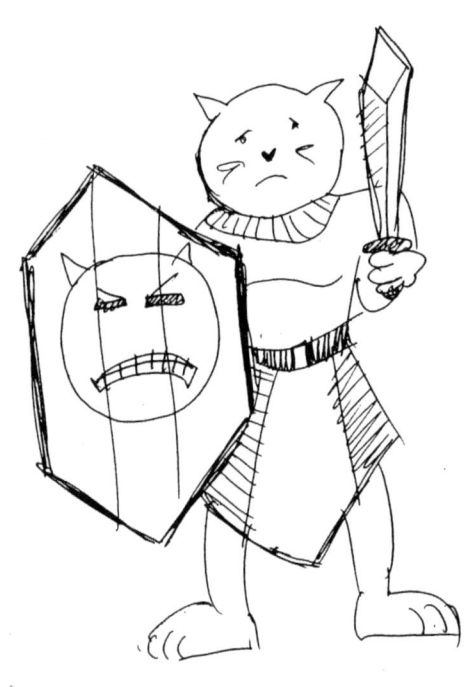

Rimani puro

Più i tempi sembrano perversi, più dovremmo sforzarci per la chiarezza, l'amore, la compassione.

Fai attenzione a non lasciare che situazioni così estreme ti guidino in decisioni ancora più estreme.

Misura accuratamente ogni parola e ogni azione.

Quando l'"escalazione" vince, tutti hanno perso.

Non lasciamo che questa follia ci porti a azioni impure.

Non puoi usare un aquilone per fermare il vento.

I tuoi pensieri ti travolgono, come quel vento. Paure, angosce... sono quel vento.

Ti bloccano nel fare scelte semplici ma importanti.

Ti fanno fare scelte basate sulla paura, cioè il tuo Ego si gonfia per nascondere le tue paure.

Le tue paure sono normali

e parlandone con calma, unirebbero invece di dividere.

Il momento perfetto

Non c'è il momento perfetto da aspettare.

Un atleta si prepara in ogni momento prima della gara.

Un artista crea il suo quadro già mentre prepara i colori.

Un coach viene pagato non per il tempo della seduta

ma per tutta la esperienza collezionata in milioni di fallimenti e di ricerche di soluzioni della sua vita fino a quel momento.

Ogni cosa che stai vivendo, ogni delusione e ogni inquietudine, ti sta aiutando a essere pronto,

ecco perché ogni momento è perfetto.

Fare la cosa giusta

Un mondo migliore nasce
nel fare la cosa giusta...
significa fare la cosa più compassionevole.

Non si può sempre saper prima
quale sia la cosa giusta da fare
Ma si inizia a creare qualcosa che curi le ferite,
qualcosa che vada bene per questa singola
situazione, per questo momento specifico.

Qualcosa che le condizioni ti permettono di
fare, e forse nel momento in cui non si ha altra
scelta, la scelta migliore è prendere l'unica
scelta possibile o lasciarla.
**A volte la scelta giusta è quella che non
vorresti prendere mai.**

A volte l'unica scelta è difendersi.

A volte restare in silenzio e rispettare il
momento.

Inhaltsverzeichniss

Grazie.